Bildermaus

Eva Hierteis

Ein Freund für das kleine Fohlen

Illustriert von Stefanie Klaßen

Loewe

Inhalt

Ein Fohlen sucht einen Freund

Das kleine  Ferdi hopst auf dem  übermütig über die . „Mama, Mama“, ruft es, „spiel mit mir!“ Aber wie es so ist mit Mamas, die können nicht immerzu spielen. Also fragt Ferdi ein . Doch es schüttelt den .

„Ich bin ein  und sehr brav“,

nuschelt es mit  im .

„Ich muss grasen, grasen, grasen.“

Damit dreht es ihm den  zu und

grast mit den anderen  weiter.

„Spielst du mit mir?“, fragt das kleine  einen . „Nö, ich kann nicht, ich muss dicke 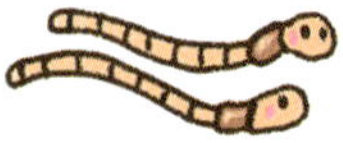 sammeln“, zwitschert der und fliegt mit einem anderen  davon.

Das  wackelt verwundert mit den . Muss man eigentlich total gleich sein, um befreundet zu sein? Ferdi guckt sich um: weit und breit kein anderes .

Nur eine junge  döst auf einem alten  und ein paar  picken herum. „He, du“, ruft da eine  und baut sich vor ihm auf. „Du suchst jemanden, der mit dir spielt?“

Ferdi nickt. „W…willst du etwa …?“, stammelt er. Die  winkt ab. „Nein, ich muss  futtern. Aber auf der anderen  dort hinter dem  wohnt ein , das noch viel kleiner ist als du.“

Ferdi reckt den . Es ist nicht zu sehen. „Komm, ich bring dich hin“, fiept die . Aber so einfach geht das nicht. Der  ist zu hoch. Da kommt Ferdi nicht drüber.

Und unten durch wie die 

die kommt er auch nicht wegen seiner

langen 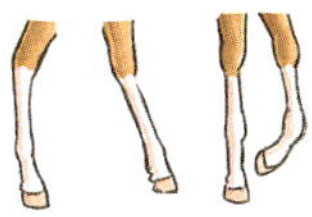. Der  geht ihm

echt auf den . Sehnsüchtig guckt

er zur anderen  und seufzt.

Ein abenteuerlicher Ausritt

Bald darauf kommen drei  mit  und  zur . „Wiehihihie es aussieht, reiten wir aus“, sagt Mama. Ferdi spitzt neugierig die . Das klingt gut. Da will er mit. Runter von der  und rein in die weite .

Und wirklich: Eine  bindet ihm ein  um. Das  ist ganz aufgeregt. Vielleicht findet es unterwegs jemanden, der mit ihm spielt!

Es geht durch  und  und schließlich in den . Ferdi staunt: So viele ! Und sie reichen bis zu den  rauf! Aber spielen will auch hier niemand mit ihm.

Ein  hoppelt hastig davon und

ein  duckt sich tief in die 

und kneift die  zu. Langsam

wird Ferdi sauer. Doch dann geht

ihm ein  auf.

Jetzt weiß er, was er macht: Er

geht zurück zum  und sucht

das ganz kleine . Jawohl!

Als die  absitzen und 

, 

und  auspacken, schleicht er

sich leise wie eine  davon.

Dann legt er einen 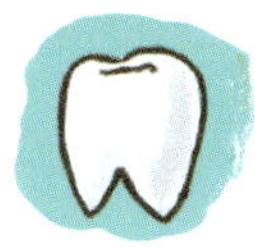 zu.

Bald jedoch gabelt sich der .

Ferdi zögert. Er entscheidet sich für links. Der  wird immer dichter und die  rascheln unheimlich.

Ihm wird mulmig. Ist er hier

richtig? Plötzlich hört er etwas.

Es klingt jämmerlich. Das 

stellt die  auf. Da ist es wieder:

„Mauu!“ Zögerlich trabt Ferdi

weiter, bis er vor einem  steht.

Er scharrt nervös mit den 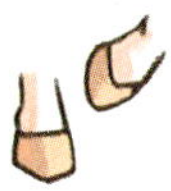. Jetzt

ist es klar: Er hat sich verlaufen.

So ein ! „Miauu“, ertönt es

noch lauter. Da entdeckt Ferdi eine

kleine .

Die kennt er doch! Es ist die 

von seinem ! Triefnass sitzt

sie auf einem  mitten im .

„Was machst du denn da?“, fragt

Ferdi.

„Ich bin vom  abgerutscht“, erklärt die  bibbernd. „Kannst du mir helfen?“ Das kleine  überlegt nicht lang. Manchmal ist es doch gut, wenn man so lange 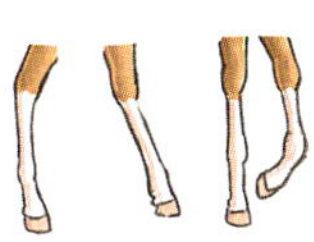 hat.

Mutig wie ein  watet Ferdi

ins . „Steig auf“, sagt er. „Du

darfst auf mir reiten.“ Gemeinsam

durchqueren sie den . Am 

angekommen maunzt die :

„Jetzt will ich heim.“

Ferdi lässt den  hängen. „Wenn

ich nur wüsste, wo das ist …“,

murmelt er. Die  streckt die 

aus. „Da lang.“ Sie war schon oft

im  und kennt sich aus.

Erleichtert trabt Ferdi los.

Zusammen ist es gar nicht mehr

unheimlich, sondern fühlt sich

schön warm an am , wo

die  sitzt – und im  auch.

Vier Freunde auf acht Hufen 

Der  führt aus dem  heraus und zwischen  und  hindurch. Endlich taucht der  vor ihnen auf. „Wo gehst du hin?“, fragt die , als das kleine  an seiner  vorbeitrabt. „Du wohnst doch bei den .“

Das  schnaubt. „Ja, bei den braven . Die wollen immer nur fressen und spielen nie mit mir.“ Ferdi umrundet das . Und dann sieht er es: das , von dem die  ihm erzählt hat!

Sein  schlägt laut wie eine .

Das  ist sehr klein, sehr rund,

sehr struppig, aber alles andere

als jung. Ferdi ist verwirrt. Kann es

sein, dass das gar kein  ist?

Da wiehert das winzige  und

kommt zum . Sie beschnuppern

sich. Es riecht nett. „Äh, ich dachte,

du wärst ein  wie ich, weil du

so klein bist“, stammelt Ferdi.

„Ich dachte, wir könnten spielen“, ergänzt er. Das ganz kleine  prustet. „Ich bin ein . Wir sind alle klein. Aber spielen kann ich trotzdem mit dir. Komm rein.“

Das  stupst das  an, das

auf dem  sitzt, damit es für

Ferdi das  öffnet. Dann deutet

das  mit dem  auf einen .

Das  verdreht die .

Es will spielen, nicht futtern! Aber

dann tritt das  – *padotz!* – mit

dem  gegen den , sodass

der quer über die  kullert.

Schnell saust das  hinterher.

„Komm, wir spielen !“, ruft es.

Und da weiß Ferdi, dass er bei

dem kleinen  genau richtig ist.

„Ich mach mit“, beschließt das .

Und auch die  jagt dem 

hinterher, als wäre er eine .

Auf dem ganzen  hört

man sie lachen und prusten und

schnauben und miauen. Die 

und das  sind so lustig und laut,

dass Ferdis Mama nicht lange nach

ihm suchen muss.

Sie macht ein  wie eine

dunkle , weil Ferdi im 

ausgebüxt ist. Doch als sie die

vier auf der  toben sieht,

geht ihr das  auf.

Endlich hat ihr  jemanden,

mit dem es spielen kann. Und zwar

gleich drei, die unterschiedlicher

nicht sein könnten. Manche mit

mehr, manche mit weniger .

Manche größer, manche kleiner.

Manche mit , andere mit 

oder . Manche jung und

manche alt. Aber sie haben sich

gern. Und allein das zählt!

Überglücklich kommt das 

angehopst und schmiegt sich

durch den  an seine Mama.

„Eigentlich wollte ich dir die 

lang ziehen!“, murmelt sie.

Aber dann beknabbert sie lieber

zärtlich Ferdis . „Lauf nie

wieder weg, hörst du?“, sagt sie

so streng sie kann. Und Ferdi nickt

fröhlich. „Höchstens bis zu dem

kleinen . Versprochen!“

Die Wörter zu den Bildern:

Fohlen

Bauernhof

Weide

Schaf

Kopf

Gras

Maul

Po

Vogel

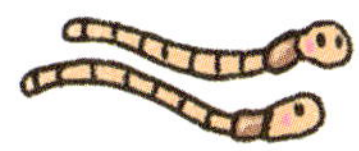
Würmer

Ohren

Katze

Traktor

Hühner

Maus

Klee

Haus

Pferd

Hals

Zaun

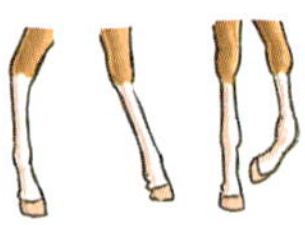
Beine

Keks

Reiter

Sättel

Reithelme

Welt

Frau

Halfter

Wiesen

Felder

Wald

Bäume

Wolken

Hase

Reh

Büsche

Augen

Licht

Saft

Kuchen

Decken

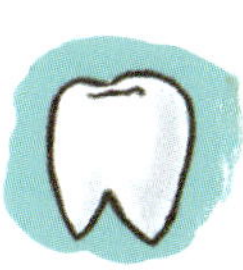
Zahn

Weg

Blätter

Bach

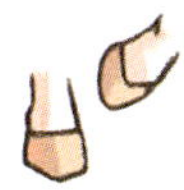
Hufe

Mist

Stein

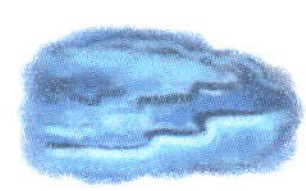
Wasser

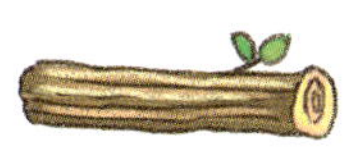
Baumstamm

Löwe

Ufer

Pfote

Rücken

Bauch

Herz

Trommel

Pony

Mädchen

Tor

Apfel

Ball

Tiere

Gesicht

Gewitterwolke

Füße

Mähne

Eva Hierteis, geboren 1972, träumte schon als Kind davon, Bücher zu schreiben, kam jedoch nie über die dritte Seite hinaus. Das hat sich inzwischen geändert. Nach einem Literaturstudium und einigen Jahren in einem Kinderbuchverlag hat sie sich endlich ihren Traum erfüllt und widmet sich ganz dem Schreiben. Sie lebt mit ihrer Familie in Nürnberg.

Stefanie Klaßen zeichnete und malte schon als Kind immer und überall. Als sie mit 7 Jahren erfuhr, dass es den Beruf des Illustrators gibt, wusste sie, das wollte sie unbedingt werden! Sie studierte Illustration an der Fachhochschule für Design in Münster und ist nach ihrem Diplom 2009 der Stadt treu geblieben. Sie arbeitet als Illustratorin für verschiedene Verlage.

Bildermaus

Mit Bildern lesen lernen

ISBN 978-3-7432-1732-4

ISBN 978-3-7432-1744-7

ISBN 978-3-7432-1754-6

ISBN 978-3-7432-1824-6

ISBN 978-3-7432-1825-3

ISBN 978-3-7432-1826-0

Loewe
Das will ich lesen!